Alles Gute zu eurer

FEIERT EURE LIEBE!

arsEdition

Liebe

FÜR EIN GANZES LEBEN

Wie schön, dass ihr »Ja, ich will!« zueinander gesagt habt!
Denn Liebe ist das schönste Gefühl der Welt und man kann nie genug
davon haben. Damit euch dieses wunderbare Gefühl stets begleitet,
schenken wir euch kleine und große Worte der Liebe und lauter
gute Wünsche für den gemeinsam Weg. Findet so mindestens
einen Grund, eure Liebe immer und immer wieder zu feiern.

HERZLICHEN GLÜCKWUNSCH
ZUR HOCHZEIT!

ZWEI MENSCHEN BEGINNEN EINE ZUKUNFT.
ZWEI SEELEN TRÄUMEN EINEN TRAUM.

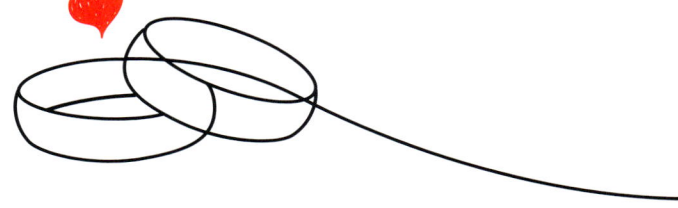

Zwei Herzen

HABEN IHR ZUHAUSE GEFUNDEN.

Zum Start in eure gemeinsame Zukunft
wünschen wir euch unzählige magische Momente,
ganz viel Lachen und

Liebe pur.

Nun beginnt für euch also diese wilde,
wunderbare Reise zu zweit.
Unzählige Abenteuer warten bereits auf euch!

WIR WÜNSCHEN EUCH EINE
WUNDERVOLLE GEMEINSAME ZEIT.

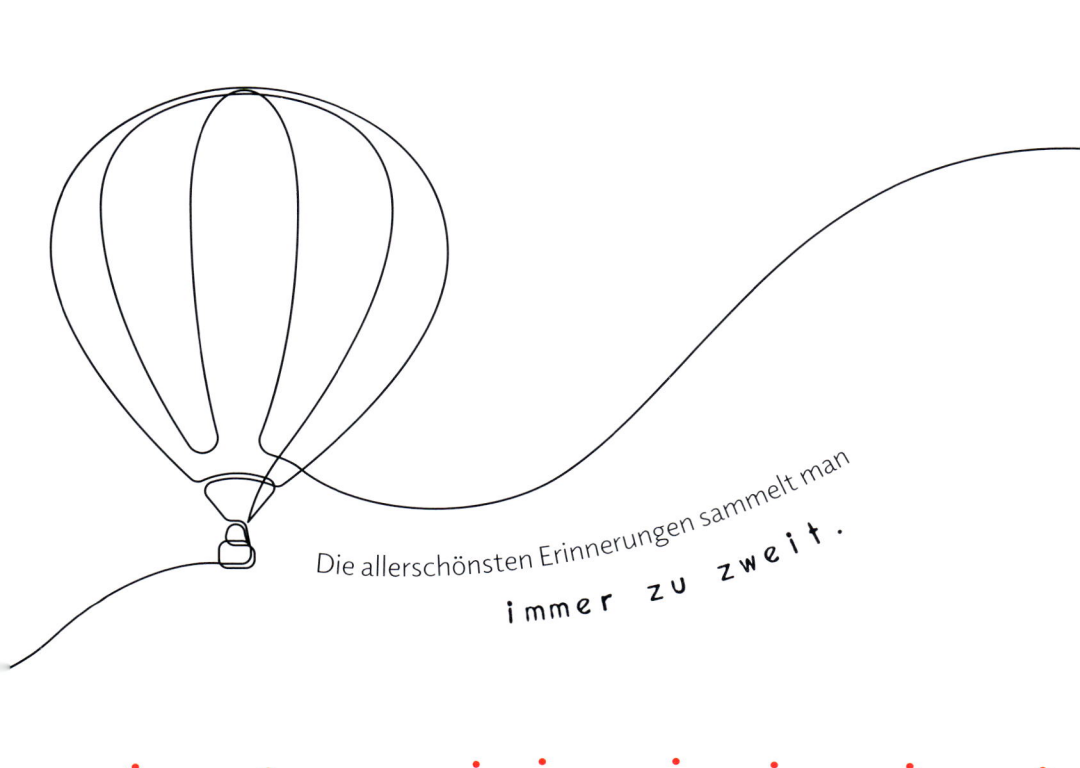

Die allerschönsten Erinnerungen sammelt man

immer zu zweit.

AUS ZWEI LEBEN IST
EIN GEMEINSAMES GEWORDEN,

AUS EINEM »*Du*« UND »*Ich*«

EIN »*Wir*«.

Ihr zwei seid das absolute

Dreamteam!

Ganz egal, ob ihr durch Kanada trampen,
eine Großfamilie gründen
oder gemeinsam die Welt retten wollt –
kein Traum ist jemals zu groß,
wenn ihr ihn gemeinsam träumt.

Zusammen

könnt ihr jeden Berg erklimmen und die Weltmeere überqueren.
Selbst bis zu den Sternen würdet ihr es schaffen,
da sind wir uns ganz sicher!

 »*Liebe*
bedeutet nicht, dass es immer einfach ist.
Liebe bedeutet aber, dass es die Mühe wert ist. «

Alles, was ihr braucht,
ist eine große Portion **Liebe,**
ein kleines bisschen **Mut**
und eine ordentliche Prise **Humor.**

Gemeinsam lachen,

bis der Bauch wehtut und die Luft wegbleibt,
was könnte es Schöneres geben?
Wir wünschen euch, dass ihr nie euren Sinn
für Humor verliert und einander jeden Tag
ein kleines Lächeln schenkt –
auch wenn es mal schwerfällt.

Bestimmt wird euch unterwegs das ein oder andere Hindernis begegnen.
Doch keine Sorge, zusammen könnt ihr alles überwinden!

Nichts kann euch aufhalten,
wenn ihr beiden fest zusammenhaltet.

ZWEI HERZEN, DIE EINS SIND,
REISSEN GEBIRGE NIEDER.

Persisches Sprichwort

Die Liebe ist magisch.

Die guten Zeiten macht sie noch besser
und die schwierigen Zeiten lässt sie uns vergessen.

GEMEINSAM

werdet ihr alles Schöne teilen

und das Schwere tragen –

Hand in Hand, ein Leben lang.

Doch bei all eurer Liebe füreinander solltet ihr auch

eure Freundschaft

nicht vergessen. Nicht nur verheiratet, sondern
auch miteinander befreundet zu sein,

ist unendlich wertvoll.

Eine Ehe muss nicht perfekt sein, sondern echt.

**Kein Mensch ist perfekt.
Auch ihr nicht.**

Doch das wäre auch schrecklich langweilig.
Genießt es stattdessen einfach,
wie wunderbar eure Ecken und Kanten
zusammenpassen!

Liebe ist

die gemeinsame Freude an der wechselseitigen Unvollkommenheit.

Ludwig Börne

Die Liebe ist ein Fest –
es muss nicht nur vorbereitet,
sondern auch gefeiert werden.

Platon

WIR WÜNSCHEN EUCH,  dass ihr immer offene Augen für die kleinen, kostbaren Momente des Alltags habt und nicht nur auf die großen Augenblicke des Lebens wartet. Beide sind gleich wundervoll und verdienen eure Aufmerksamkeit.

Mögen euch immer wieder
liebevolle Kleinigkeiten einfallen, um die

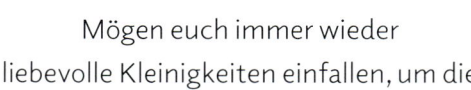

Schmetterlinge
im Bauch

fröhlich weiterflattern zu lassen.

Lieben ist Leben mit
i-Tüpfelchen.

Zusammen

neue Erfahrungen machen, den Horizont erweitern,

Grenzen erkennen und eigene Stärken entdecken …

Wir wünschen euch, dass ihr gemeinsam

wachsen und Seite an Seite *aufblühen* könnt.

Im Leben gewöhnt man sich schnell an alles – auch an die Ehe.
Es ist unser Wunsch für euch, dass ihr eure Liebe trotzdem
nie als selbstverständlich anseht und es immer wertschätzen könnt,

einen Ehrenplatz im Herzen

des jeweils anderen zu haben.

Der Wunder
größtes ist die Liebe.

August Heinrich Hoffmann
von Fallersleben

Bewahrt euch das überwältigende
Glücksgefühl eures Hochzeitstages
und feiert jeden Tag aufs Neue
eure Liebe, denn sie ist etwas ganz
Besonderes. Was für ein großartiger
Geniestreich des Schicksals, dass
ihr einander in diesem unendlichen
Universum gefunden habt!

Mögen alle eure kleinen und großen Träume in Erfüllung gehen. Wir wünschen euch von Herzen eine strahlende Zukunft zu zweit!

Ihr zwei.

Für immer.

Die Liebe
hält **die Zeit** an
und lässt **die Ewigkeit** beginnen.

Dieses Buch entstand mit viel Liebe und möchte der Liebe in allen Formen gerecht werden.

In einigen Fällen war es nicht möglich, für den Abdruck der Texte die Rechteinhaber:innen zu ermitteln. Honoraransprüche der Autor:innen, Verlage und ihrer Rechtsnachfolger:innen bleiben gewahrt.

© 2024 arsEdition GmbH, Friedrichstr. 9, D-80801 München. Alle Rechte vorbehalten
Covergestaltung: Grafisches Atelier, arsEdition GmbH
Gestaltung Innenteil: Julia Lüer, Liebespapier
Texte: Kristin Funk, www.tinteundgold.de

Bildnachweis: Cover: Random Illustrator / Shutterstock.com; Irtsya / Shutterstock.com
Fotografien Innenteil: S. 3: Samantha Gades / Unsplash; S. 6: Snowpa Photo / Shutterstock.com;
S. 11: Joe Yates / Unsplash; S. 12: Kseniya Ivanova / Shutterstock.com; S. 16: Cinematic Imagery / Unsplash;
S. 19: MakeStory Studio / Shutterstock.com; S. 23: Ian Schneider / Unsplash;
S. 24: Supamotionstock.com / Shutterstock.com; S. 27: Amanda Sixsmith / Unsplash;
S. 28: Taylor Gray / Unsplash; S. 33: Pavlo Melnyk / Shutterstock.com; S. 34: Danie Franco / Unsplash;
S. 39: Tavga K.S / Unsplash; S. 42: Foto Pettine / Unsplash; S. 47: Breslavtsev Oleg / Shutterstock.com
Hintergründe / Vignetten / Illustrationen: www.shutterstock.com: Irtsya; Random Illustrator; Yuliia_Makova;
Tanya Syrytsyna; Haali; Feodora_21; Essl; ai_stock; Olga Rai; Olenapolll

Wir behalten uns die Nutzung unserer Inhalte für Text und Data Mining im Sinne von § 44b UrhG ausdrücklich vor.

ISBN: 978-3-8458-5778-7

Du möchtest noch mehr von uns kennenlernen?

MIX
Papier | Fördert
gute Waldnutzung
FSC® C018236